끝짱 컴퓨터 영재 만들기

씨엔씨에듀 R&D팀 저

Step 3

씨엔씨에듀

참 잘했어요

타자연습표

단계		나는야 타자왕							
1단계	자리연습								
	낱말연습								
2단계	자리연습								
	낱말연습								
3단계	자리연습								
	낱말연습								
4단계	자리연습								
	낱말연습								
5단계	자리연습								
	낱말연습								
6단계	자리연습								
	낱말연습								
7단계	자리연습								
	낱말연습								
8단계	자리연습								
	낱말연습								
짧은글 연습									

차례

Part 02 한글을 활용해서 만들어요

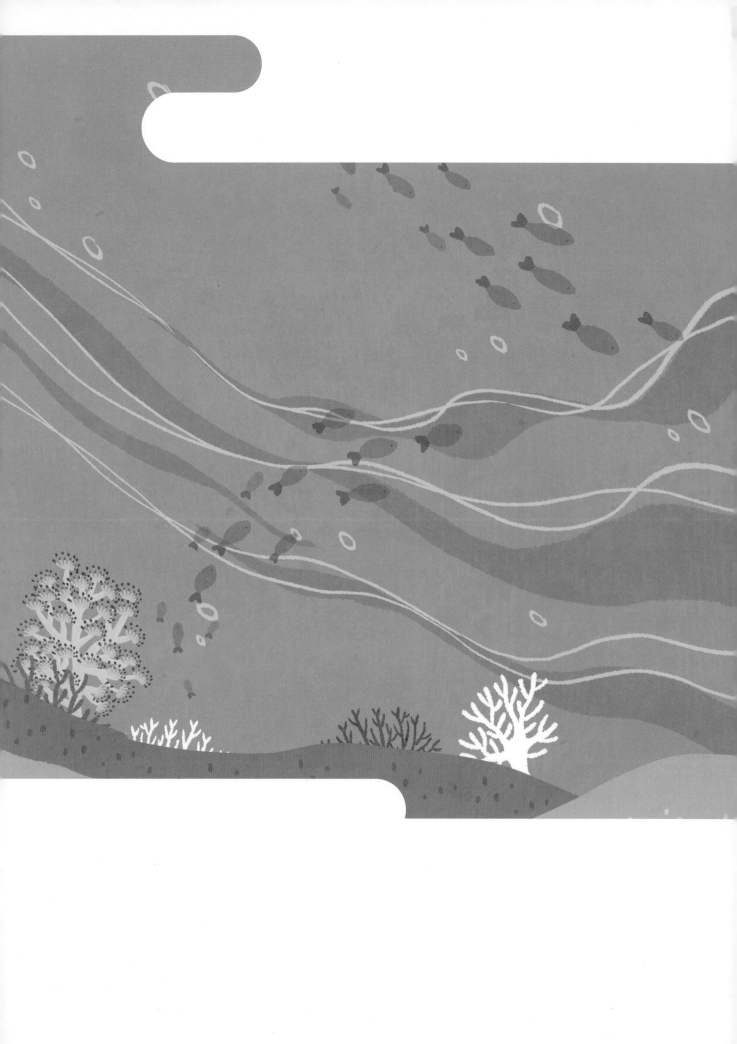

Part
01
파워포인트를
활용해서 만들어요

01 단원 칭찬 스티커 만들기

작품 완성

● 준비파일 1-1 준비.pptx
● 완성파일 1-1 완성.pptx

칭.찬.해.주.세.요.

이름 : 강 다니엘

1 [시작(■)] 단추를 클릭하고 앱 뷰어에서 [Microsoft Office] 폴더 안의 [Microsoft PowerPoint 2016]을 선택합니다.

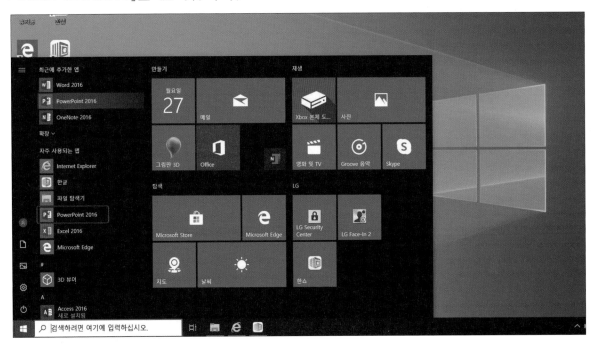

 바탕 화면에 파워포인트로 바로 갈 수 있는 [바로 가기 아이콘(￼)]을 더블 클릭하면 파워포인트 2016이 바로 실행되요.

2 '파워포인트 2016' 화면이 나타납니다.

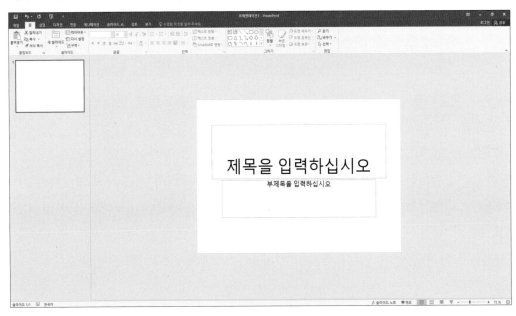

파워포인트 2016의 화면 구성

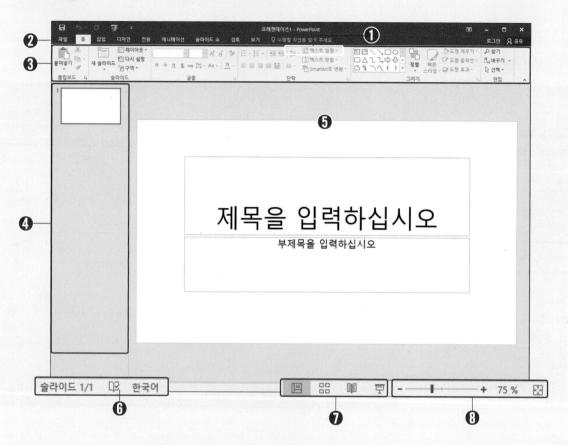

❶ 제목 표시줄 : 현재 사용 중인 문서의 이름을 표시해요.

❷ [파일] 탭 : 새로 만들기, 열기, 저장, 인쇄 등의 기능이 모여있는 곳이에요.

❸ 리본 메뉴 : 명령을 아이콘으로 만들어 쉽게 선택할 수 있게 표시해요.

❹ [슬라이드/개요] 창 : 작업 중인 슬라이드를 작은 그림 형식으로 보여주거나 개요 형식으로 보여줘요.

❺ [슬라이드 편집] 창 : 프레젠테이션을 직접 편집하는 작업 공간이에요.

❻ 상태 표시줄 : 슬라이드 번호, 전체 슬라이드 수, 사용 중인 테마 서식 등의 정보를 표시해요.

❼ [화면 보기] 단추 : 기본, 여러 슬라이드, 읽기용 보기, 슬라이드 쇼 등의 보기 형식을 선택해요.

❽ 확대/축소 : 화면을 확대하거나 축소하고 창의 크기에 맞춰 크기를 조절해요.

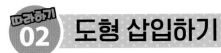

1 '1-1 준비.pptx' 파일을 불러오기 위해 [파일]-[열기] 메뉴를 선택하고 파일을 열기 합니다.

2 제목 아래 이름 부분에 나의 이름을 입력합니다.

3 [삽입] 탭-[일러스트레이션] 그룹-[도형]을 클릭하여 여러 가지 도형 중에서 [기본 도형]-[○타원]을 선택합니다.

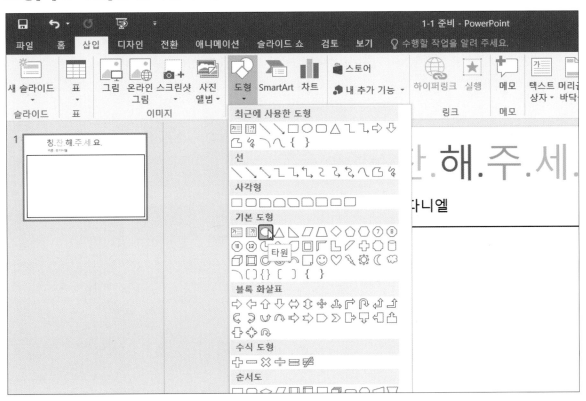

4 마우스 포인터 모양이 바뀌면 마우스를 드래그하여 슬라이드에 '타원'을 그립니다.

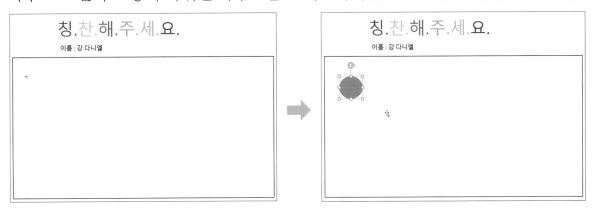

5 타원의 크기를 바꾸기 위해 [그리기 도구]–[서식] 탭–[크기] 그룹에서 [크기 및 위치]를 선택합니다.

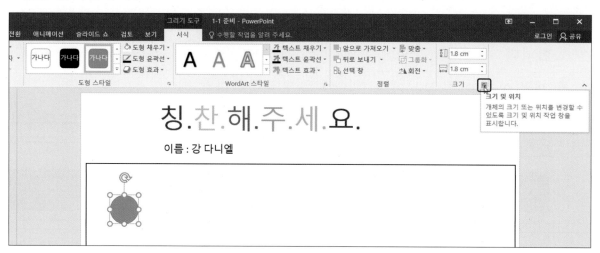

6 [도형 서식] 대화상자에서 높이는 '2cm', 너비는 '1.85cm'로 바꾼 다음 [닫기]를 누릅니다.

7 [그리기 도구]–[서식] 탭–[도형 스타일] 그룹–[도형 채우기]에서 도형 채우기 색을 '파랑, 강조 5' 또는 원하는 색으로 바꾸어 줍니다.

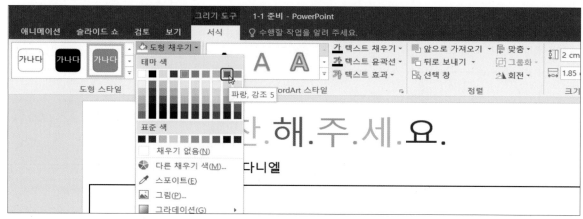

8 계속해서 [도형 윤곽선] 색을 '검정, 텍스트 1', 또는 원하는 색으로 바꾸어 줍니다.

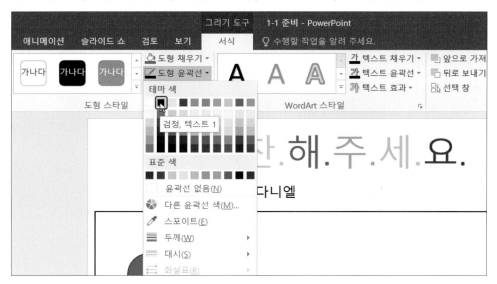

9 도형을 선택하고 도형 안에 숫자 '1'을 입력하고 원하는 글꼴로 지정합니다.

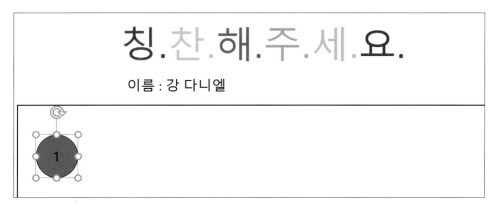

 따라하기 03 도형 복사하기

1 도형을 복사하고 채우기 색과 숫자를 변경합니다.

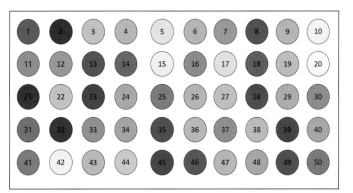

 도형 복사
복사하려고 하는 도형을 선택하고 Ctrl + Shift 를 누르고 있는 상태에서 오른쪽 또는 아래쪽으로 드래그 앤 드롭합니다. Ctrl 을 누르면 도형이 복사되고 Shift 를 누르면 수평/수직으로 이동시킬 수 있습니다.

1 [삽입] 탭-[이미지] 그룹-[🖼 온라인 그림]를 선택하여 '캐릭터'를 검색합니다.

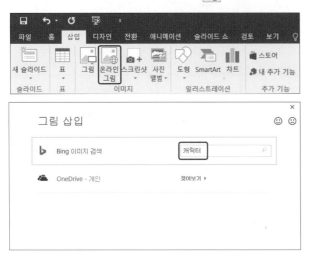

2 원하는 캐릭터를 삽입하여 칭찬 스티커를 완성합니다.

📂 **준비파일** 1-2 준비.pptx   📂 **완성파일** 1-2 완성.pptx

01 도형을 이용하여 칭찬 나무를 완성해 보세요.

생일카드 만들기

🔵 준비파일 2-1 준비.pptx
🔵 완성파일 2-1 완성.pptx

따라하기 01 도형 삽입하기

1 '2-1 준비.pptx' 파일을 불러오기 위해 [파일]- [열기] 메뉴를 선택하고 [삽입] 탭-[일러스트레이션] 그룹-[도형]을 클릭합니다.

2 여러 가지 도형 중에서 [기본 도형]-[□ 모서리가 접힌 도형]을 선택하여 오른쪽 부분에 도형을 그립니다.

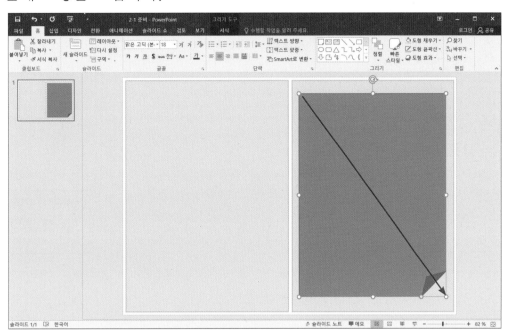

3 도형의 크기를 바꾸기 위해 [그리기 도구]-[서식] 탭-[크기] 그룹에서 [크기 및 위치]를 선택하고 [도형 서식] 대화상자에서 '높이 17cm, 너비 11.2cm'로 바꾸어 줍니다.

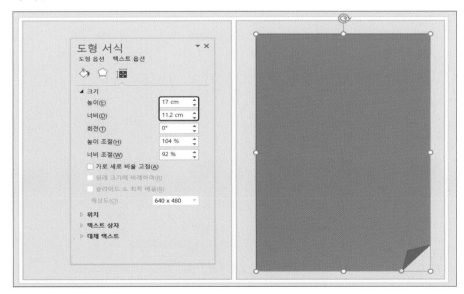

4 [도형 채우기] 색을 '흰색, 배경 1' 또는 원하는 색으로 바꾸고 [도형 윤곽선] 색은 '파랑 강조 5, 60% 더 밝게' 또는 원하는 색으로 바꾸어 줍니다.

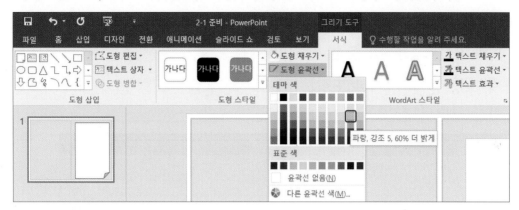

5 도형 안에 생일카드 내용을 입력하고 원하는 글꼴과 색을 지정합니다.

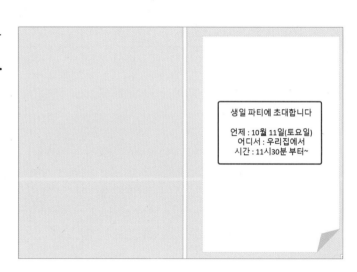

02 이미지 삽입하기

1 그림 파일을 삽입하기 위해 [삽입] 탭-[이미지] 그룹-[그림]을 클릭하고 [그림 삽입] 대화상자에서 '가랜드' 파일을 선택하고 [삽입]을 클릭합니다.

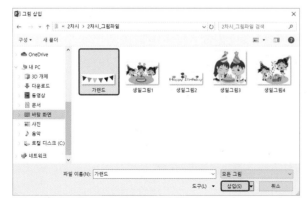

2 그림을 위쪽으로 이동시키고 그림의 흰색 배경을 투명하게 만들기 위해 그림을 선택한 다음 [그림 도구]–[서식] 탭–[조정] 그룹–[색]에서 [투명한 색 설정]을 선택합니다.

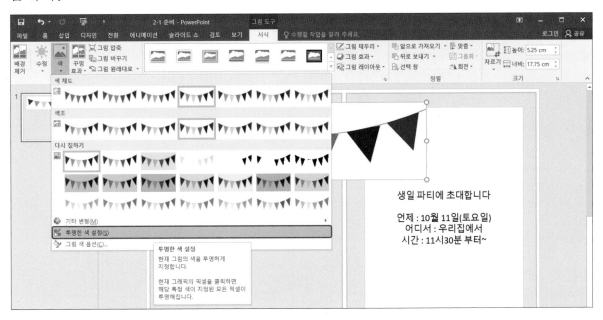

3 마우스 포인터가 ⬚로 바뀌었을 때 흰색 배경 위에서 마우스를 클릭하면, 흰색 배경이 투명하게 됩니다.

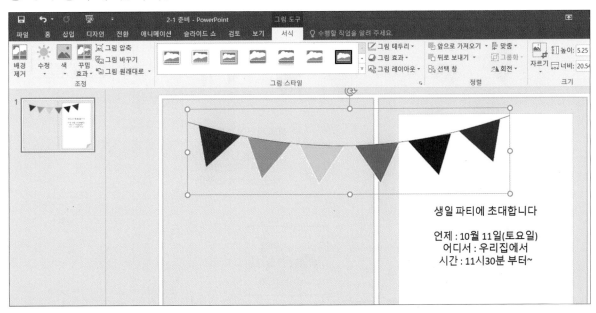

4 '가랜드' 그림(▼▼▼)을 원하는 위치로 이동시키고 위와 동일한 방법으로 '생일그림 1' 그림을 삽입한 다음 배경을 투명하게 변경합니다.

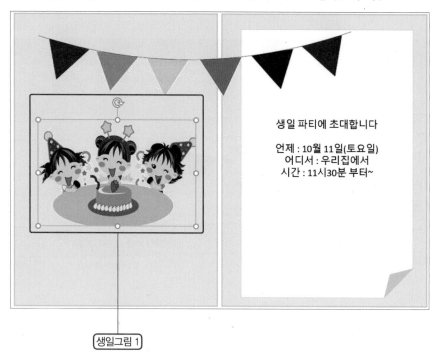

생일그림 1

5 계속해서 '생일그림2', '생일그림3', '생일그림4' 그림 파일을 삽입하고 배경을 투명하게 하고 원하는 위치로 이동시킵니다.

생일그림 2   생일그림 4   생일그림 3

혼자해보기

준비파일 2-2 준비.pptx 완성파일 2-2 완성.pptx

01 친구에게 쪽지 편지를 쓰고 캐릭터를 삽입하여 예쁘게 꾸며 보세요.

 03 단원 방문패 만들기

○ 준비파일 새 프렌테이션
○ 완성파일 3-1 완성.pptx

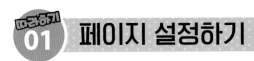

1 슬라이드의 레이아웃을 변경하기 위해 [홈] 탭-[슬라이드] 그룹-[레이아웃]에서 [빈 화면]을 선택합니다.

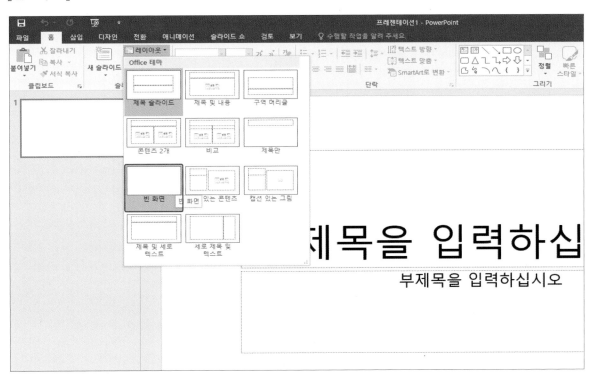

2 [디자인] 탭-[사용자 지정] 그룹-[슬라이드 크기]를 클릭하고 [사용자 지정 슬라이드 크기] 대화상자에서 슬라이드 크기를 'A4 용지'로 설정한 다음 [확인] 클릭하고, '최대화'를 클릭합니다.

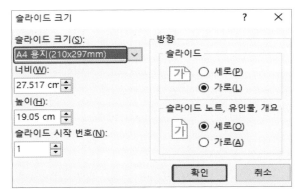

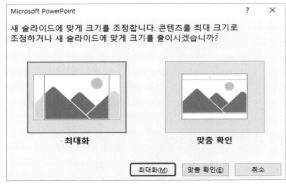

3 [삽입] 탭–[일러스트레이션] 그룹–[도형]을 클릭하여 [사각형]–[□ 모서리가 둥근 직사각형]을 선택하고 슬라이드에 그립니다.

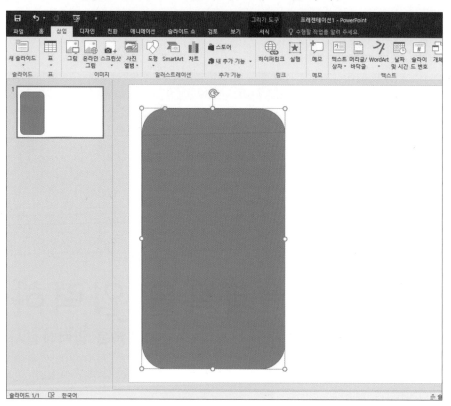

4 도형의 크기를 바꾸기 위해 [그리기 도구]–[서식] 탭–[크기] 그룹에서 [크기 및 위치]를 선택하고 [도형 서식] 대화상자에서 '높이 18cm, 너비 8cm'로 바꾸어 줍니다.

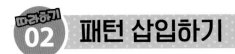

1 도형에 패턴 그림을 삽입하기 위해 도형을 선택하고 [그리기 도구]-[서식] 탭-[도형 스타일] 그룹-[도형 채우기]에서 [그림]을 선택합니다.

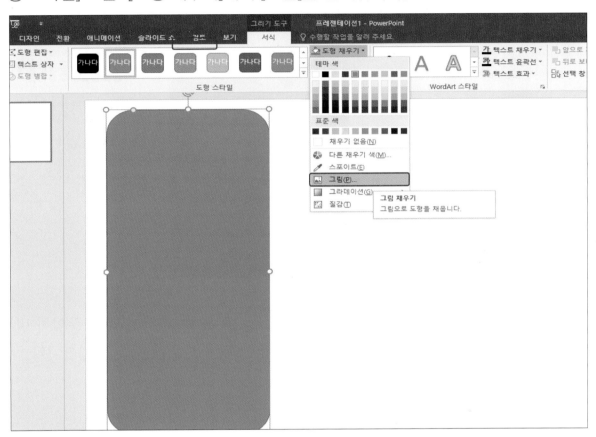

2 [그림 삽입] 대화상자에서 '별패턴'을 선택하고 [삽입]을 클릭합니다.

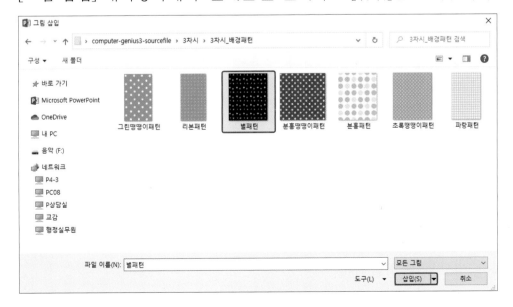

3 선택한 도형에 '별패턴' 그림으로 채우기 됩니다. 계속해서 도형 윤곽선을 '검정, 텍스트 1'로 변경합니다.

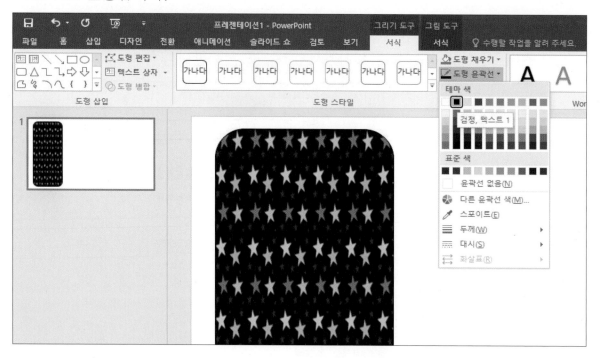

4 별패턴이 들어간 도형을 복사하여 두 개의 도형을 더 만들고 위와 동일한 방법으로 두 번째 도형에는 '분홍패턴', 세 번째 도형에서는 '파랑패턴'을 삽입합니다.

5 [삽입] 탭-[일러스트레이션] 그룹-[도형]을 클릭하여 [기본 도형]-[○ 타원]을 선택하고 도형을 그립니다. [도형 채우기]에서 '흰색, 배경 1'로 채우고 [도형 윤곽선] 색은 원하는 색으로 변경합니다.

6 도형의 크기를 바꾸기 위해 [그리기 도구]-[서식] 탭-[크기] 그룹에서 [크기 및 위치]를 선택하고 [도형 서식] 대화상자에서 '높이 7㎝, 너비 7㎝'로 바꾸어 줍니다.

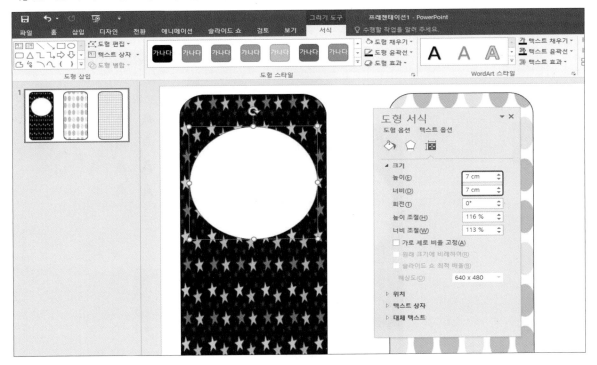

7 타원을 그림처럼 두 개 더 복사하고 [도형 윤곽선] 색을 원하는 색으로 변경합니다.

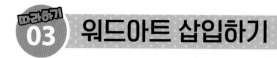

워드아트 삽입하기

1 [삽입] 탭-[텍스트] 그룹-[WordArt(워드아트)]에서 원하는 워드아트를 선택합니다.

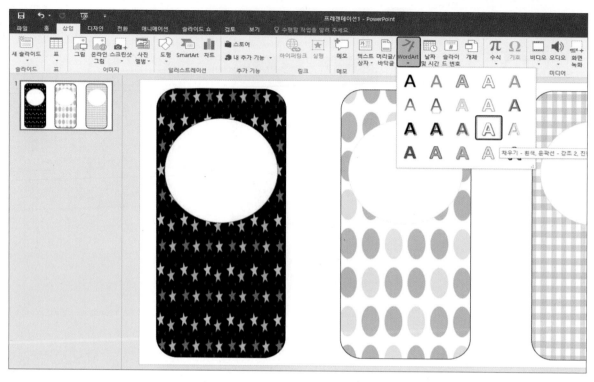

2 선택한 워드아트가 나타났으면 '공부중'이라 입력합니다.

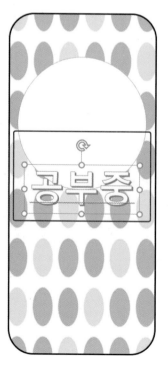
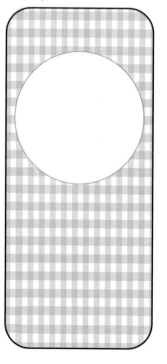

3 '공부중' 워드아트를 이동시키고, 동일한 방법으로 '휴식중'과 '외출중'의 워드아트를 만듭니다. 계속해서 워드아트를 알맞은 위치로 이동시킵니다.

4 계속해서 WordArt(워드아트)를 이용하여 '지금 지안이는' 또는 내 이름을 입력하여 워드아트를 추가하고 원하는 글꼴로 꾸밉니다.

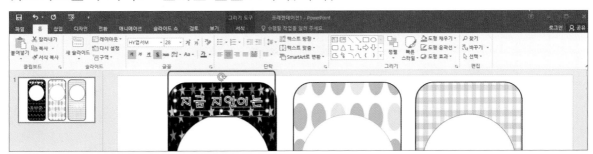

5 내 이름의 워드아트를 복사하여 원하는 위치로 이동시킵니다.

1 서식을 변경할 워드아트를 선택하고 [그리기 도구]-[서식] 탭-[WordArt 스타일] 그룹에서 [▾자세히] 목록을 선택하고 원하는 워드아트 스타일을 선택합니다.

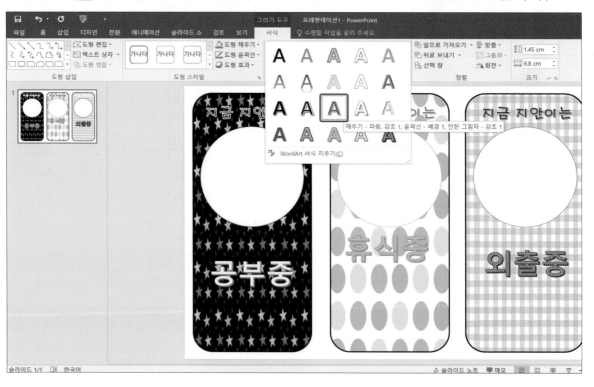

2 계속해서 세 번째 도형의 워드아트를 선택하고 원하는 워드아트 스타일로 변경합니다.

1 [삽입] 탭-[이미지] 그룹-[온라인 그림]를 이용하여 원하는 온라인 그림을 삽입하여 꾸밉니다.

2 그림의 위치와 크기를 조절합니다.

📁 **준비파일** 3-2 준비.pptx   📁 **완성파일** 3-2 완성.pptx

01 삼각형 가랜더를 만들어 내 방을 예쁘게 꾸며보세요.

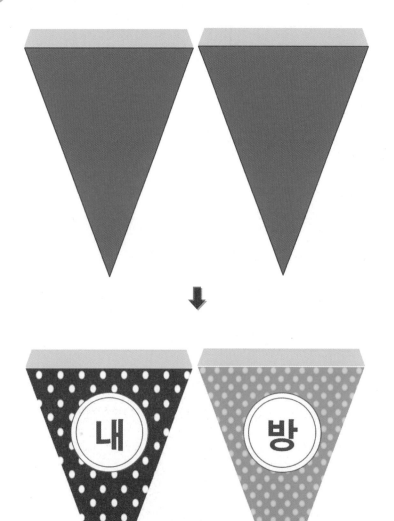

힌트
- 그림 삽입 : 분홍땡땡이패턴.jpg, 그린땡땡이패턴.jpg
- 워드아트 : HY견고딕, 72pt

04
단원

미래의 나의 꿈!

작품 완성

● 준비파일 새 프레젠테이션
● 완성파일 4-1 완성.pptx

나는 커서 어떤 일을 할까?

이름 : 개나리

축구 선수가 된다면
월드컵에 나가서 4강에 진출하고 싶어요

파티시에가 된다면
세상에서 가장 맛있는 빵을 만들거에요

선생님이 된다면
앉고 싶은 친구와 짝꿍을 하게 해줄거에요

패션디자이너가 된다면
예쁜 옷을 만들어서 엄마에게 선물할거에요

1 제목란에는 제목을 부제목란에는 내 이름을 입력하고 글자의 글꼴과 글자색은 원하는 색으로 바꾸도록 합니다.

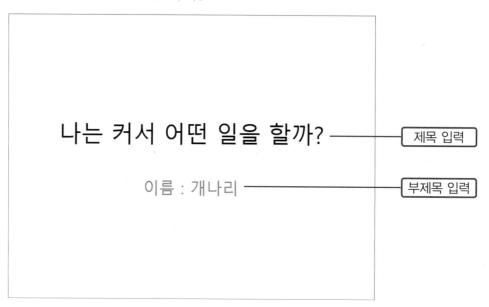

1 [삽입] 탭–[이미지] 그룹–[온라인그림]을 클릭하고 '과학자'를 검색하여 캐릭터를 삽입합니다.

1 새 슬라이드를 삽입하기 위해 [홈] 탭-[슬라이드] 그룹-[새 슬라이드]에서 [빈 화면]을 선택합니다.

2 슬라이드에 텍스트를 입력하기 위해 [삽입] 탭-[텍스트] 그룹-[텍스트 상자]에서 [가로 텍스트 상자]를 선택하여 내가 되고 싶은 꿈과 이유를 입력합니다.

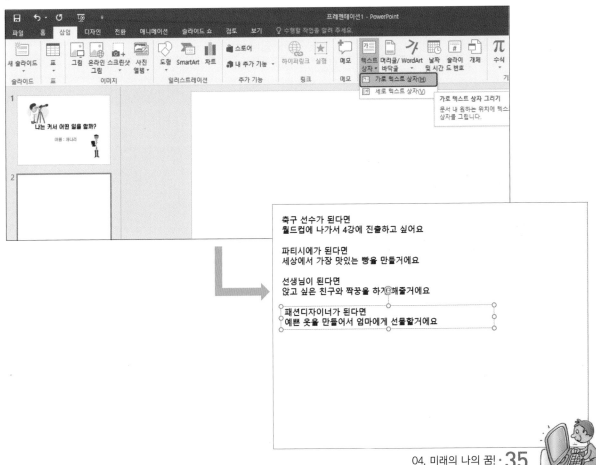

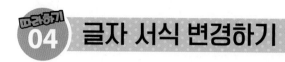

1 글꼴과 글자 크기를 변경하기 위해서는 바꾸고자 하는 글자부분을 마우스로 드래그한 후, [홈] 탭-[글꼴] 그룹에서 원하는 글자 모양과 글자 크기로 바꾸어 줍니다.

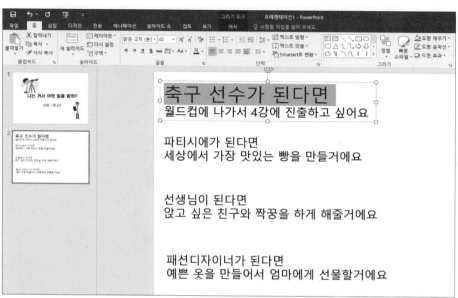

알아두기 글꼴 크기

- 尔 [글꼴 크기 크게] : 글꼴 크기를 점점 크게 합니다.
- 尔 [글꼴 크기 작게] : 글꼴 크기를 점점 작게 합니다.

2 계속해서 슬라이드에 맞게 텍스트 상자 위치를 조절합니다.

> # 축구 선수가 된다면
> 월드컵에 나가서 4강에 진출하고 싶어요
>
> # 파티시에가 된다면
> 세상에서 가장 맛있는 빵을 만들거에요
>
> # 선생님이 된다면
> 앉고 싶은 친구와 짝꿍을 하게 해줄거에요
>
> # 패션디자이너가 된다면
> 예쁜 옷을 만들어서 엄마에게 선물할거에요

1 [삽입] 탭-[이미지] 그룹-[온라인그림]을 클릭하여 '축구선수'를 검색한 다음 원하는 그림을 삽입합니다. 그림의 크기와 위치를 조절합니다.

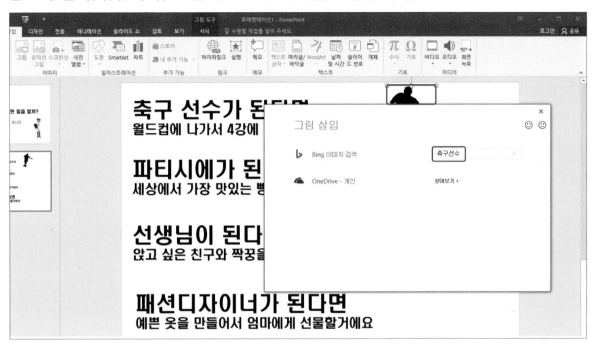

2 계속해서 원하는 그림을 검색하여 원하는 캐릭터를 삽입하고, 크기와 위치를 조절합니다.

준비파일 새 문서    완성파일 4-2 완성.pptx

01 내가 관심있어 하는 것을 떠올리면서 '나의 관심사'의 발표 자료를 만들어 보세요.

05 만화 만들기
단원

● 준비파일 5-1 준비.pptx
● 완성파일 5-1 완성.pptx

작품 완성

무더운 여름날 베짱이는 땀흘리며
일하는 개미를 놀렸어요

겨울이 되자 베짱이는
후회하며 개미를 찾아갔어요

개미는 베짱이에게
맛있는 음식을 대접했어요

1 [인터넷 익스플로러]를 실행하고 관심있는 만화 주인공을 검색합니다. 여기에서는 '개미와 베짱이'를 검색하고 [이미지]를 클릭합니다.

2 검색한 여러 가지 이미지 중에서 캡처할 이미지를 선택합니다.

3 [시작]-[보조 프로그램]-[캡처 도구]를 선택하고 [캡처 도구] 대화상자에서 [새로 만들기]를 클릭합니다.

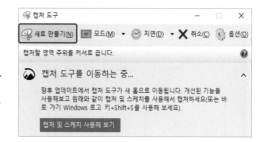

4 캡처할 영역을 드래그한 다음 [복사]를 클릭합니다.

드래그

5 이미지를 저장하기 위해 [다른 이름으로 저장] 대화상자에서 파일 이름을 지정하고 [저장]을 클릭합니다.

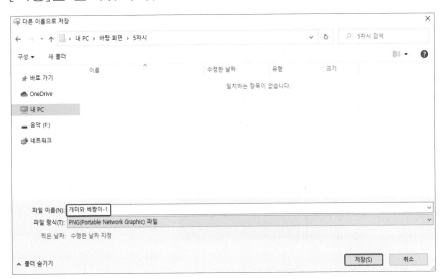

6 계속해서 동일한 방법으로 인터넷 이미지를 두 개 더 캡처하고 저장합니다.

02 만화 이미지 삽입하기

1 '5-1 준비.pptx' 파일을 불러오기 위해 [파일]-[열기] 메뉴를 선택하여 파일을 열기 합니다.

2 저장한 만화 이미지를 삽입하기 위해 첫 번째 도형을 선택하고 [그리기 도구]-[서식] 탭-[도형 스타일] 그룹-[도형 채우기]에서 [그림]을 선택합니다.

3 [그림 삽입] 대화상자에서 원하는 그림을 선택하고 [삽입]을 클릭합니다.

4 도형에 선택한 그림이 삽입됩니다. 위와 동일한 방법으로 두 번째 도형과 세 번째 도형에도 만화 이미지를 삽입합니다.

3컷 만화 만들기

'개미와배짱치-2'
이미지 삽입

'개미와배짱치-3'
이미지 삽입

 03 만화 내용 입력하기

1 말풍선을 삽입하기 위해 [삽입] 탭-[일러스트레이션] 그룹-[도형]-[설명선]에서 [🌼 구름 모양 설명선]을 선택하여 원하는 위치에 그립니다.

2 나의 상상력을 발휘하여 말풍선 도형 안에 만화 내용을 입력합니다.

3컷 만화 만들기

3 계속해서 [삽입] 탭–[텍스트] 그룹–[텍스트 상자]–[가로 텍스트 상자]를 선택하여 설명글을 입력합니다.

3컷 만화 만들기

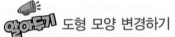

무더운 여름날 베짱이는 땀흘리며 일하는 개미를 놀렸어요

겨울이 되자 베짱이는 후회하며 개미를 찾아갔어요

개미는 베짱이에게 맛있는 음식을 대접했어요

알아두기 도형 모양 변경하기

도형의 모양 조절점(◉)을 이용하면 도형 모양을 변경할 수 있어요.

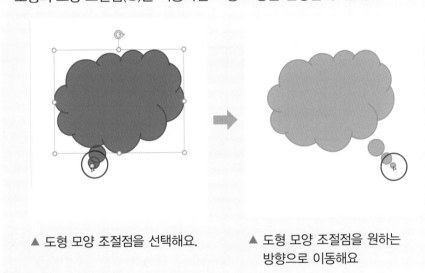

▲ 도형 모양 조절점을 선택해요.

▲ 도형 모양 조절점을 원하는 방향으로 이동해요

혼자해보기

준비파일 5-2 준비.pptx　　완성파일 5-2 완성.pptx

01 나의 상상력을 발휘하여 4컷의 상상 만화를 완성해 보세요.

4컷 만화 만들기

4컷 만화 만들기

마음씨 착한 나무꾼이 나무를 하러갔다가 도끼를 연못에 빠뜨렸어요.

산신령이 나타나서 도끼를 찾아주고 은도끼 금도끼도 선물로 주었어요.

욕심쟁이 나무꾼이 소문을 듣고 일부러 도끼를 연못에 빠뜨렸어요.

산신령이 나타났지만 거짓말을 한 욕심쟁이가 나무꾼의 도끼까지 가지고 사라졌어요.

내 명함 만들기
단원

작품 완성

● 준비파일 6-1 준비.pptx
● 완성파일 6-1 완성.pptx

이 름:김지민
학 교:솔샘초등학교
전화번호:010-2722-2300
  난 이런사람이야^^

이 름:김지민
학 교:솔샘초등학교
전화번호:010-2722-2300
  난 이런사람이야^^

이 름:김지민
학 교:솔샘초등학교
전화번호:010-2722-2300
  난 이런사람이야^^

이 름:김지민
학 교:솔샘초등학교
전화번호:010-2722-2300
  난 이런사람이야^^

이 름:김지민
학 교:솔샘초등학교
전화번호:010-2722-2300
  난 이런사람이야^^

이 름:김지민
학 교:솔샘초등학교
전화번호:010-2722-2300
  난 이런사람이야^^

이 름:김지민
학 교:솔샘초등학교
전화번호:010-2722-2300
  난 이런사람이야^^

이 름:김지민
학 교:솔샘초등학교
전화번호:010-2722-2300
  난 이런사람이야^^

이 름:김지민
학 교:솔샘초등학교
전화번호:010-2722-2300
  난 이런사람이야^^

이 름:김지민
학 교:솔샘초등학교
전화번호:010-2722-2300
  난 이런사람이야^^

1 '6-1 준비.pptx' 파일을 불러오기 위해 [파일]- [열기] 메뉴를 선택하여 파일을 열기합니다.

2 슬라이드의 왼쪽 도형을 선택하고 마우스 오른쪽 단추를 클릭하여 [도형 서식] 메뉴를 클릭합니다.

3 [도형 서식] 대화상자의 [채우기] 탭에서 [채우기 – 패턴 채우기]를 선택하고 '전경색'과 '패턴'을 원하는 것으로 선택합니다.

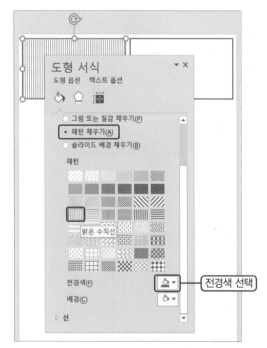

4 [도형 윤곽선] 색도 패턴과 어울리게 원하는 색으로 변경하고 위와 동일한 방법으로 오른쪽 도형에도 원하는 패턴과 윤곽선 색으로 바꾸어 줍니다.

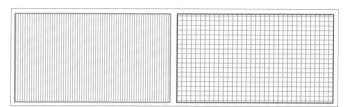

02 명함 내용 입력하기

1 [삽입] 탭-[일러스트레이션] 그룹-[도형]을 클릭하여 [사각형]-[☐직사각형]을 선택하여 도형을 그린 다음 [그리기 도구]-[서식] 탭-[크기] 그룹에서 [크기 및 위치]를 선택하고 [도형 서식] 대화상자에서 '높이 4cm, 너비 8cm'로 바꾸어 줍니다.

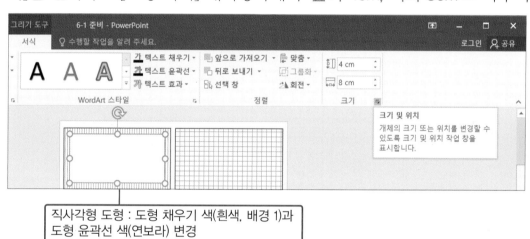

직사각형 도형 : 도형 채우기 색(흰색, 배경 1)과
도형 윤곽선 색(연보라) 변경

2 명함에 입력할 내용을 생각하여 입력하고 글자 모양과 크기를 바꾸어 꾸밉니다. 직사각형을 선택하고 복사하여 오른쪽에 위치시키고 도형 채우기 색과 윤곽선 색을 원하는 색으로 지정합니다.

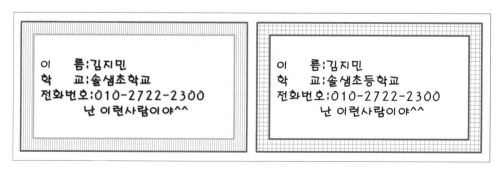

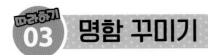

1 [삽입] 탭-[이미지] 그룹-[온라인그림]을 클릭하여 '천사'를 검색합니다. 원하는 '천사' 캐릭터를 삽입하고 크기와 위치를 조절합니다.

2 계속해서 동일한 방법으로 '꽃'과 '자동차' 캐릭터를 검색하고 삽입하여 크기와 위치를 조절합니다.

 04 여러개 명함 만들기

1 완성한 명함을 복사하기 위해 마우스(🖱)로 복사할 도형 영역을 드래그합니다.

2 Ctrl + Shift 를 누른채로 아래쪽으로 드래그하여 복사합니다.

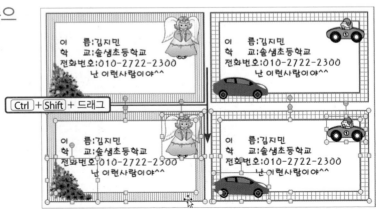

3 계속해서 그림처럼 복사합니다.

4 도형의 패턴과 색을 원하는 것으로 변경하고 온라인 그림을 이용하여 여러가지 명함을 꾸밉니다.

📁 **준비파일** 6-2 준비.pptx   📁 **완성파일** 6-2 완성.pptx

01 나만의 이름표를 만들고 어울리는 캐릭터를 삽입해 보세요.

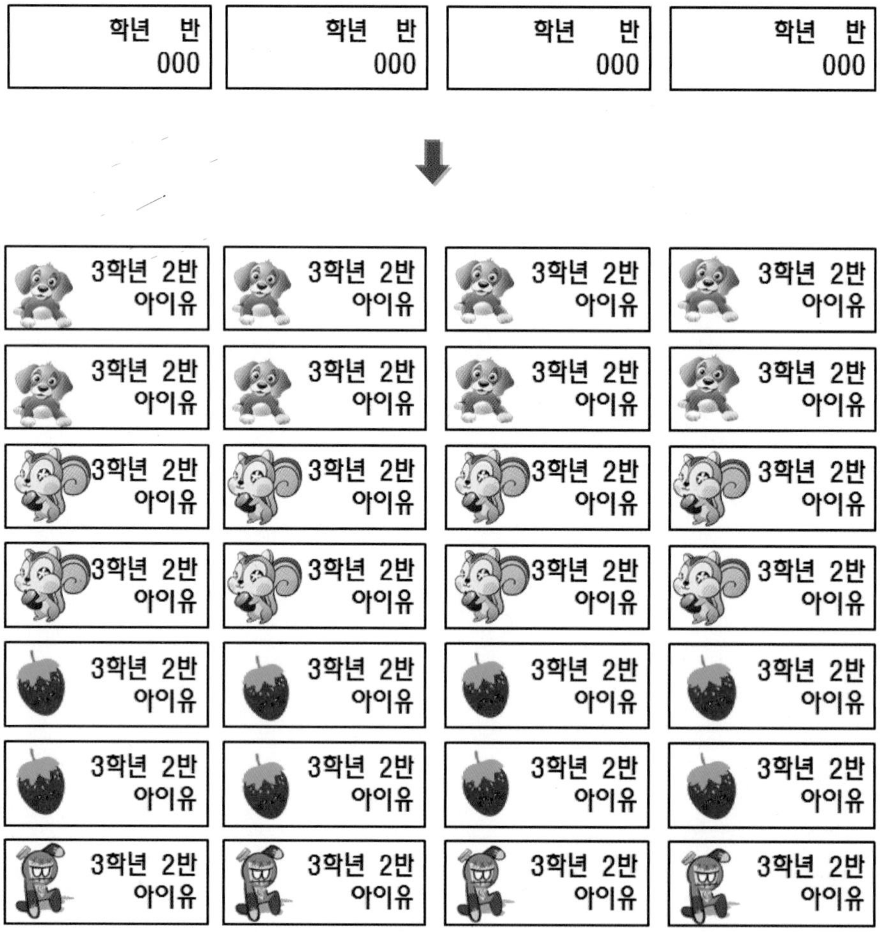

학년 반 000	학년 반 000	학년 반 000	학년 반 000

⬇

3학년 2반 아이유 (×28, 배열된 이름표들)

사진첩 꾸미기

● 준비파일 7-1 준비.pptx
● 완성파일 7-1 완성.pptx

캐릭터 사진첩

1 '7-1 준비.pptx' 파일을 불러오기 위해 [파일]- [열기] 메뉴를 선택하고 파일을 열기합니다.

2 [인터넷 익스플로러]를 실행하고 사진첩에 넣고 싶은 캐릭터를 검색합니다.

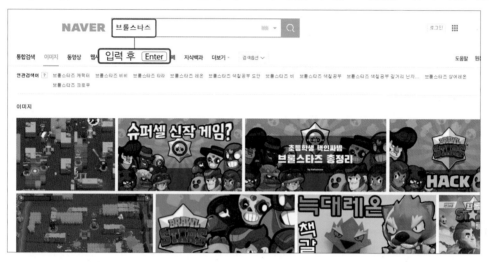

3 검색한 여러 가지 이미지 중에서 캡처할 이미지를 선택하고 [시작]-[보조 프로그램]-[캡처 도구]를 선택합니다. [캡처 도구] 대화상자에서 [새로 만들기]를 클릭합니다.

4 캡처할 영역을 드래그한 다음 [캡처 도구] 대화상자에서 [복사]를 클릭합니다.

5 복사한 이미지를 '7-1 준비.pptx' 파일에 붙여넣기(Ctrl+V)를 합니다.

그림 스타일 적용하기

1 그림을 선택하고 [그림 도구]-[서식] 탭-[그림 스타일] 그룹에서 [단순형 프레임, 흰색]을 선택합니다.

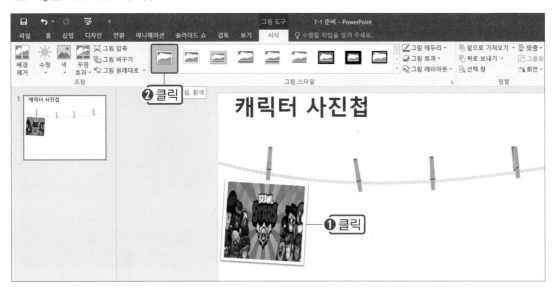

2 그림 크기를 알맞게 조절하고 동일한 방법으로 나머지 그림도 삽입하고 그림 스타일을 적용합니다.

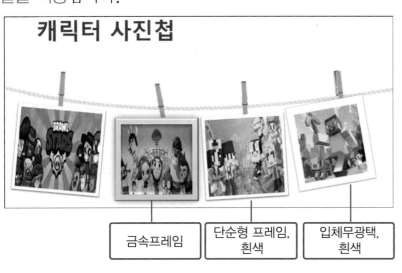

금속프레임

단순형 프레임, 흰색

입체무광택, 흰색

단순형 프레임, 흰색　입체 무광택, 흰색　금속프레임

알아두기 그림 크기 조절 및 회전시키기

회전 조절점을 이용하여 그림을 회전시켜요.

Ctrl 키를 누른 채로 드래그하면 그림을 복사할 수 있어요.

그림 크기 조절점을 드래그하여 그림 크기를 조절할 수 있어요.

혼자해보기

📁 **준비파일** 7-2 준비.pptx 📁 **완성파일** 7-2 완성.pptx

01 인터넷에서 원하는 그림을 검색하여 연예인 사진첩과 동물 사진첩을 꾸며 보세요.

연예인 사진첩

동물 사진첩

연예인 사진첩

동물 사진첩

영어 단어장 만들기

작품 완성

● 준비파일 8-1 준비.pptx
● 완성파일 8-1 완성.pptx

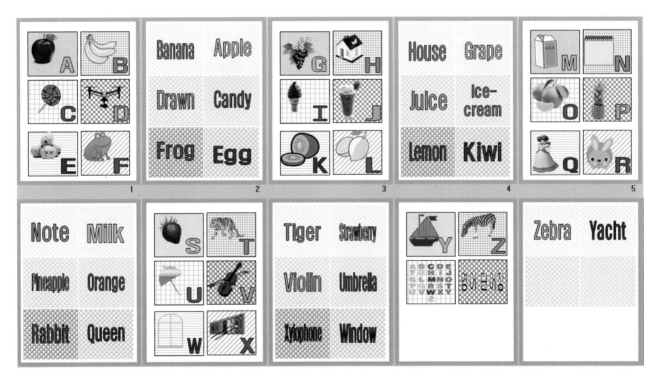

01 단어에 맞추어 온라인 그림 삽입하기

1 '8-1 준비.pptx' 파일을 불러오기 위해 [파일]- [열기] 메뉴를 선택하여 파일을 열기합니다.

2 [삽입] 탭-[이미지] 그룹-[온라인 그림]을 클릭하여 '사과'를 검색합니다.

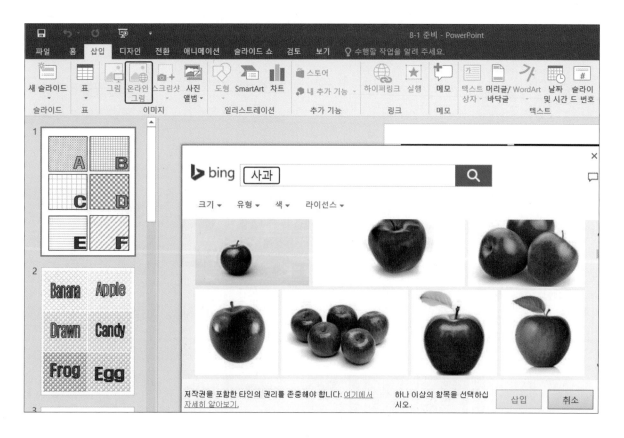

3 원하는 사과 그림을 삽입하고 적당한 크기로 조절한 다음 'A' 카드에 위치를 맞춥니다.

4 위와 동일한 방법으로 첫 번째 슬라이드, 세 번째 슬라이드, 다섯 번째 슬라이드, 일곱 번째 슬라이드, 아홉 번째 슬라이드에 A ~ Z까지 해당하는 그림을 삽입합니다.

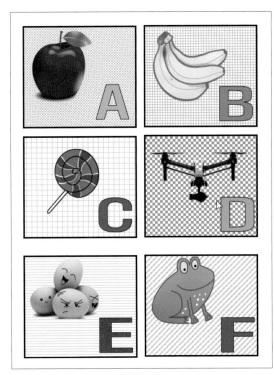

▲ 첫 번째 슬라이드

▲ 세 번째 슬라이드

▲ 다섯 번째 슬라이드

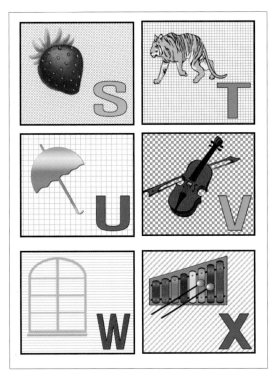

▲ 일곱 번째 슬라이드

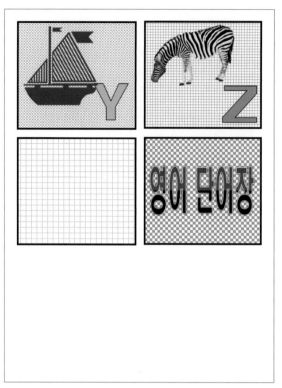

▲ 아홉 번째 슬라이드

5 계속해서 아홉 번째 슬라이드를 선택하고, [삽입] 탭-[이미지] 그룹-[온라인 그림]을 클릭하고 '알파벳'를 검색하여 영어 단어장을 예쁘게 꾸밉니다.

알파벳 삽입

준비파일 8-2 준비.pptx    **완성파일** 8-2 완성.pptx

01 별자리 이야기를 완성해 보고, 나의 별자리도 찾아보세요.

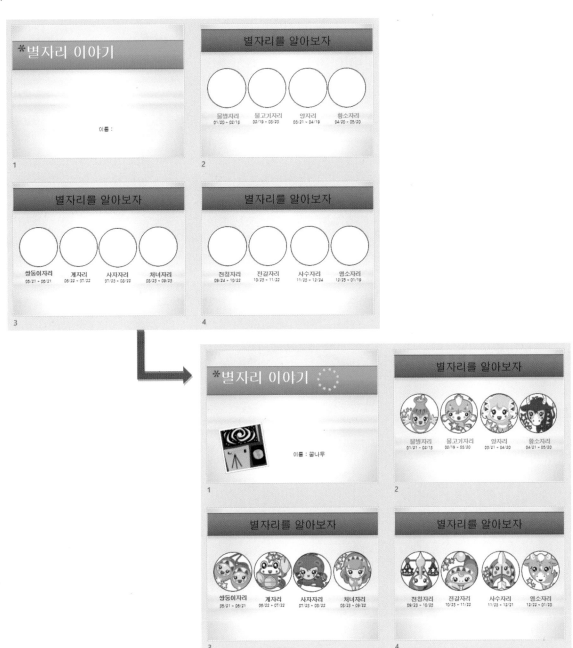

Part
02 한글을
활용해서 만들어요

09
단원
이모티콘 만들기

⬤준비파일 9-1 준비.hwp
⬤완성파일 9-1 완성.hwp

한글 2016의 화면 구성

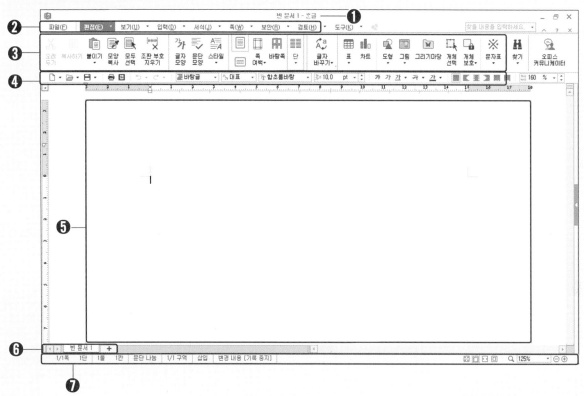

❶ 제목 표시줄 : 현재 사용 중인 문서의 이름을 표시해요.

❷ 메뉴 : 문서 작성에 필요한 기능을 분류해 모아놓은 곳이예요.

❸ 하위 메뉴 : 메뉴 오른쪽의 ▼를 클릭하면 각 메뉴에 해당하는 기능
   들이 나타나요.

❹ 기본 서식 도구 : 저장, 글꼴 변경, 정렬 등 기본적인 기능을 빠르게
   사용할 수 있도록 모아놓은 도구예요.

❺ 문서 작성 영역 : 글자를 입력하거나 그림 및 도형을 삽입하는 등
   문서를 작업하는 영역이예요.

❻ 문서 탭 : 여러 개의 한글 문서를 탭으로 표시할 수 있어요.

❼ 상태 표시줄 : 현재 커서의 위치를 확인하고 쪽 윤곽, 폭 맞춤,
   쪽 맞춤의 화면을 표시하며, 화면을 확대하거나 축소할 수 있어요.

문자표 입력하기

1 [파일]-[불러오기] 메뉴를 선택하여 '9-1 준비.hwp' 파일을 열기합니다.

 [기본 서식 도구]에서 [📂불러오기] 아이콘을 선택해도 됩니다.

2 [입력]-[※ 문자표] 메뉴를 선택합니다.

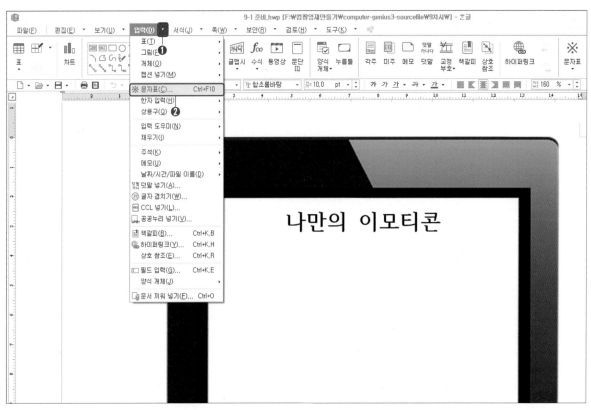

 [입력] 탭-[입력 도우미]의 [하위 메뉴]에서 문자표를 선택해도 됩니다.

3 [문자표 입력] 대화상자에서 원하는 문자표를 선택하고 [선택]을 클릭하면 '입력 문자'에 나타납니다. 원하는 문자표를 선택했으면 [넣기]를 클릭합니다.

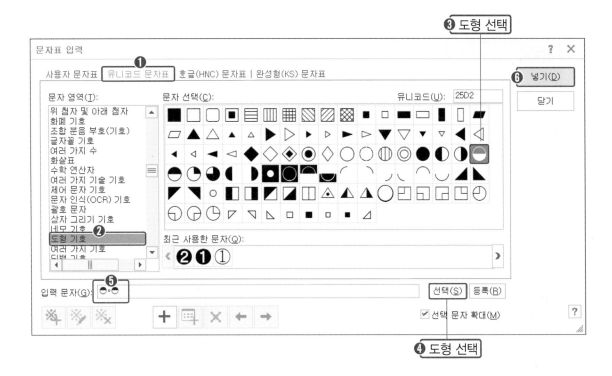

4 원하는 문자가 화면에 입력되었습니다.

5 계속해서 아래쪽에 원하는 문자표를 삽입합니다.

◒○◒	: [유니코드 문자표] – [도형 기호]
☀♨☂☃	: [유니코드 문자표] – [여러 가지 기호]
☺☻☹	: [유니코드 문자표] – [여러 가지 기호]
❛○❜	: [유니코드 문자표] – [딩벳 기호]
▲▼▲	: [유니코드 문자표] – [도형 기호]
♩♪♫♬	: [유니코드 문자표] – [여러 가지 기호]
✌❀✿❁❂❃❉✌	: [유니코드 문자표] – [딩벳 기호]
⋈凵⋈	: [유니코드 문자표] – [문자 인식(OCR) 기호]
⚾✎🖐	: [한글(HNC) 문자표] – [기타 기호]
♡☼♡ ♥¡♥	: [한글(HNC) 문자표] – [전각 기호(일반)]

📁 **준비파일** 9-2 준비.hwp   📁 **완성파일** 9-2 완성.hwp

01 문자표를 이용하여 이모티콘을 완성해 보세요.

표정 이모티콘 만들기

😊(웃는 얼굴) -

😊(웃는 얼굴) -

😮(놀란 얼굴) -

😞(슬픈 얼굴) -

표정 이모티콘 만들기

😊(웃는 얼굴) - ● ‿ ●

😊(웃는 얼굴) - ⌒ ○ ⌒

😮(놀란 얼굴) - ◉ ◇ ◉

😞(슬픈 얼굴) - ⋏

힌트 [문자표]의 [유니코드 문자표] – [도형 기호]에서 삽입해 보세요.

10
단원
간식 준비하기

● 준비파일 10-1 준비.hwp
● 완성파일 10-1 완성.hwp

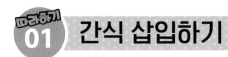

01 간식 삽입하기

1 [파일]-[불러오기] 메뉴를 선택하여 '10-1 준비.hwp' 파일을 열기합니다.

2 [입력] 탭을 선택하고 [하위 메뉴]에서 [🦋그리기 마당]을 클릭합니다.

3 [그리기마당] 대화상자에서 [찾을 파일]에 '간식'이라고 입력하고 [찾기]를 클릭합니다.

4 '계란프라이'를 선택하고 [넣기]를 클릭합니다.

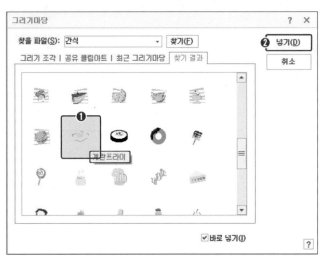

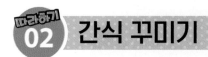 **02** 간식 꾸미기

1 계란프라이를 접시 위에 드래그하여 알맞은 크기로 조절합니다.

2 같은 방법으로 원하는 다른 간식들을 삽입하고 크기와 위치를 조절하여 접시 위의 음식들을 꾸밉니다.

📁 **준비파일** 10-2 준비.hwp   📁 **완성파일** 10-2 완성.hwp

01 돼지 저금통에 모으고 싶은 것을 넣어 완성해 보세요.

작품 완성

⬤ 준비파일 새 문서
⬤ 완성파일 11-1 완성.hwp

내방꾸미기

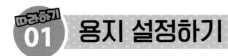

용지 설정하기

1 새 문서에서 F7 을 누르면 [편집 용지] 대화상자가 나타납니다.

2 [용지 방향]을 '가로'로 선택하고 [설정]을 클릭합니다.

[쪽] 탭-[편집 용지] 메뉴를 선택하거나, [쪽] 탭 하위 메뉴에서 [≡가로]를 클릭해도 됩니다.

1 [입력] 탭에서 [글맵시]를 클릭하고 '글맵시9'를 선택합니다.

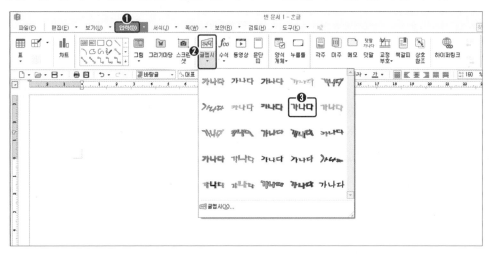

2 [글맵시 만들기] 대화상자의 내용 입력 부분에 '내방꾸미기'라고 입력하고 [설정]을 클릭합니다.

3 글맵시가 나타났으면 [글맵시] 탭에서 가로 '90mm', 세로 '30mm'로 지정하고 '글자처럼 취급'에 체크 표시합니다.

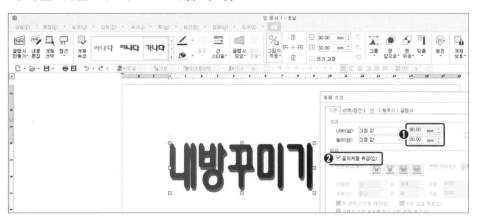

4 [기본 서식 도구]에서 [▤가운데 정렬]을 클릭하여 글맵시를 가운데 정렬을 합니다.

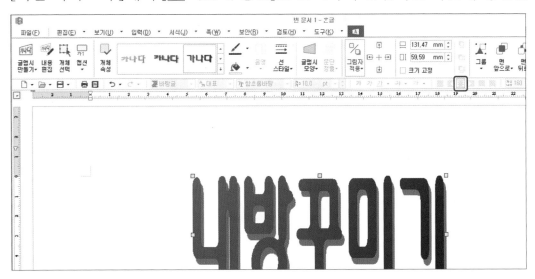

따라하기 03 내 방 꾸미기

1 [입력] 탭을 선택하고 [하위 메뉴]에서 [▨그리기 마당]을 클릭합니다.

2 [그리기마당] 대화상자에서 [찾을 파일]에 '가구'라고 입력하고 [찾기]를 클릭합니다.

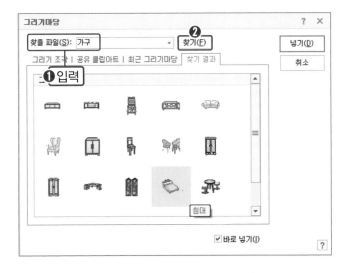

3 계속해서 내 방에 어울리는 가구를 찾아 그림을 선택하고 [넣기]를 클릭하여 그림 의 크기와 위치를 조절합니다.

- 생활(가구) – 침대, 의자, 책장, 장롱
- 생활(기타) – 시계
- 생활(장난감) – 로봇, 블록
- 취미문화(악기) – 피아노

준비파일 11-2 준비.hwp 완성파일 11-2 완성.hwp

01 어항에 내가 좋아하는 물고기 그림을 삽입하고 글자도 꾸며보세요.

12 단원 동화 이야기

● 준비파일 12-1 준비.hwp
● 완성파일 12-1 완성.hwp

동화이야기

 피노키오

1 [파일]-[불러오기] 메뉴를 선택하여 '12-1 준비.hwp' 파일을 열기합니다.

2 [입력] 탭을 선택하고 [하위 메뉴]에서 [🦋그리기 마당]을 클릭합니다.

3 [그리기마당] 대화상자의 [그리기 조각] 탭에서 '동화(외국)'을 선택합니다. '개구리 왕자'를 선택하고 [넣기]를 클릭합니다.

4 '개구리왕자' 캐릭터를 선택하고 드래그하여 크기와 위치를 조절합니다.

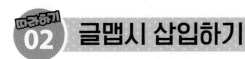

1 [입력] 탭에서 [글맵시]를 클릭하고 '글맵시11'을 선택합니다.

2 [글맵시 만들기] 대화상자의 내용 입력 부분에 '개구리왕자'라고 입력하고 [설정]을 클릭합니다.

3 글맵시가 나타났으면 글맵시의 크기와 위치를 조절합니다.

4 위와 동일한 방법으로 동화 캐릭터를 삽입하고 글맵시를 이용하여 동화 제목도 꾸밉니다.

동화이야기

피노키오

인어공주

혼자해보기

📁 준비파일 12-2 준비.hwp   📁 완성파일 12-2 완성.hwp

01 옛날부터 전해오는 재미있는 이야기 전래동화를 꾸며 보세요.

힌트

▲ 금도끼은도끼

▲ 개와고양이

▲ 선녀와 나무꾼

▲ 홍길동전

13
단원

캐릭터 옷 입히기

작품 완성

● 준비파일 13-1 준비.hwp
● 완성파일 13-1 완성.hwp

1 [파일]-[불러오기] 메뉴를 선택하여 '13-1 준비.hwp' 파일을 열기합니다.

2 [입력] 탭을 선택하고 [하위 메뉴]에서 [🦋그리기 마당]을 클릭합니다.

3 [그리기마당] 대화상자의 [그리기 조각] 탭에서 '유치원(인형놀이)'을 선택하고 '남자티셔츠'를 선택한 다음 [넣기]를 클릭합니다.

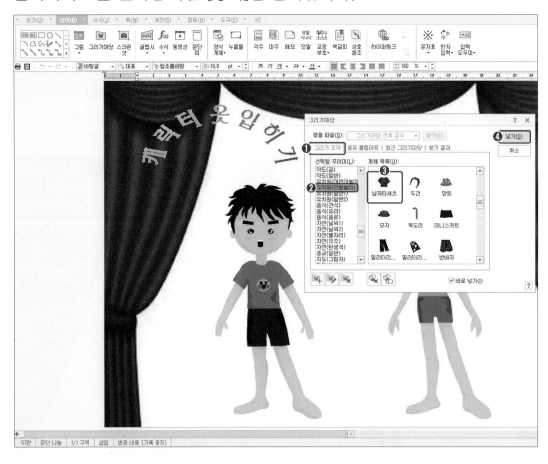

4 남자티셔츠를 드래그하여 크기를 조절하고 캐릭터에 티셔츠를 자연스럽게 맞춥니다.

5 위와 동일한 방법으로 캐릭터에 바지를 입히고, 가방을 선택하여 꾸밉니다.

6 계속해서 같은 방법으로 신발, 시계를 선택하고 캐릭터를 꾸밉니다.

1 여자 캐릭터에 옷을 입히기 위해서 [입력] 탭을 선택하고 [하위 메뉴]에서 [▥그리기 마당]을 클릭합니다.

2 [그리기마당] 대화상자의 [그리기 조각] 탭에서 '유치원(인형놀이)'을 선택하고 '여자상의', 미니스커트, 귀마개, 가방 등을 선택하여 캐릭터를 꾸밉니다.

3 개체를 선택하여 크기를 조절하고 위치를 맞춥니다.

준비파일 13-2 준비.hwp　　완성파일 13-2 완성.hwp

01 내가 좋아하는 예쁜 꽃과 나무들을 선택하여 정원을 아름답게 꾸며 보세요.

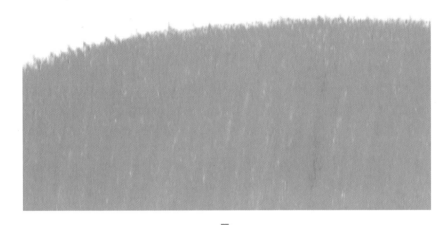

힌트
- 식물(일반) – 상록수, 풀꽃
- 식물(야생식물) – 양귀비, 참나리, 민들레, 할미꽃, 강아지풀1, 강아지풀2, 둥글레
- 아이콘(곤충) – 장수 하늘소, 애벌레, 나비, 메뚜기, 잠자리
- 검색 – 해바라기, 코스모스, 튤립

14
단원

잠시 주차중
만들기

작품 완성

● 준비파일 새 문서
● 완성파일 14-1 완성.hwp

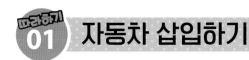
1 새 문서에서 [입력] 탭의 [하위 메뉴]에서 [그리기 마당]을 클릭합니다.

2 [그리기마당] 대화상자의 [그리기 조각] 탭에서 '생활(장난감)'을 선택하고 '자동차 2'를 선택한 다음 [넣기]를 클릭합니다.

3 자동차를 드래그하여 크기를 조절합니다.

글자 꾸미기

1 [입력] 탭에서 [가나다 글맵시]를 클릭하고 [글맵시]를 선택합니다.

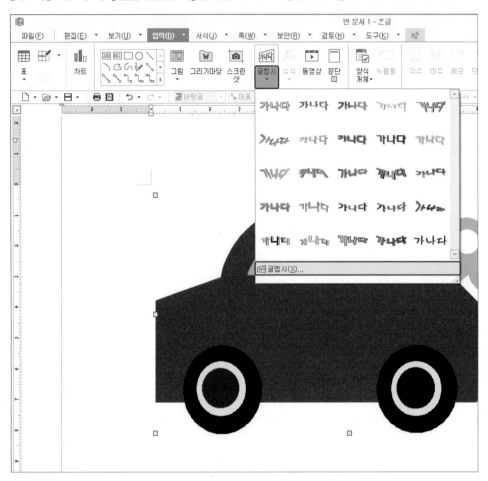

2 [글맵시 만들기] 대화상자의 내용 입력 부분에 '잠시주차중'이라고 입력하고 글맵시 모양을 '직사각형'으로 선택하고 [설정]을 클릭합니다.

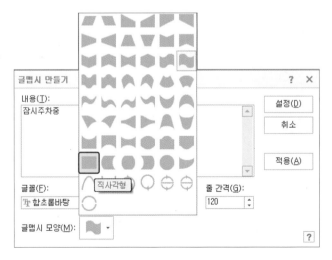

3 글맵시가 나타났으면 '잠시주차중' 글맵시를 더블클릭하고 [개체 속성] 대화상자를 실행시킵니다.

4 [채우기] 탭에서 면 색을 '검정'으로 선택합니다.

5 계속해서 [글맵시] 탭에서 원하는 글꼴로 지정한 다음 [설정]을 클릭합니다.

6 글맵시를 추가하여 전화 번호와 메시지도 입력합니다.

📁 **준비파일** 새 문서　　　📁 **완성파일** 14-2 완성.hwp

01 내가 좋아하는 자동차를 삽입하고 글맵시를 이용하여 초보운전 안내판을 만들어 보세요.

힌트 [그리기 마당] 대화상자 – [아이콘(기타)] – [자동차] 선택

15 단원 효도 쿠폰 만들기

● 준비파일 15-1 준비.hwp
● 완성파일 15-1 완성.hwp

01 글자 입력하기

1 [파일]-[불러오기] 메뉴를 선택하여 '15-1 준비.hwp' 파일을 열기합니다.

2 '진희의 효도 쿠폰' 글자를 내 이름으로 바꿉니다.

02 글맵시 삽입하기

1 [입력] 탭에서 [글맵시]를 클릭하고 [글맵시]를 선택하고 합니다.

2 [글맵시 만들기] 대화상자의 내용 입력 부분에 '안마쿠폰'이라고 입력하고 글맵시 모양 변경한 다음 [설정]을 클릭합니다.

3 글맵시를 원하는 위치로 이동하고 알맞은 크기로 조절합니다.

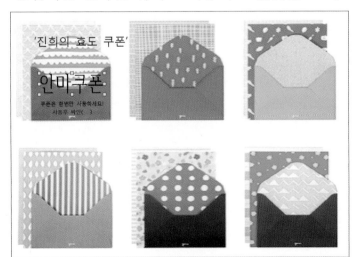

원하는 글꼴과 채우기 색 등을 변경하여 꾸밉니다.

1 완성한 '안마쿠폰' 글맵시를 선택하고 복사하기 위해 [Ctrl]+[Shift]를 누른 상태에서 오른쪽으로 드래그합니다.

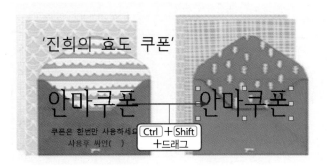 

 [Ctrl]를 누르면 마우스 포인터가 ⤸로 바뀝니다.

2 계속해서 동일한 방법으로 글맵시를 여러 개 복사합니다.

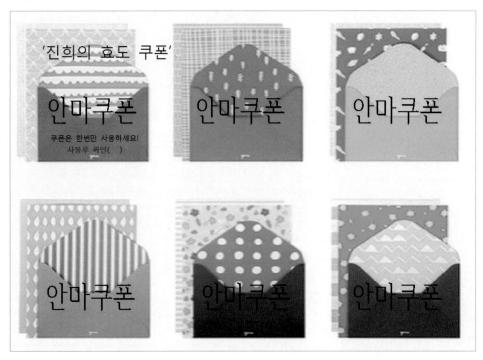

1 글맵시 글자를 수정하기 위해 글맵시를 더블클릭하고 [개체 속성] 대화상자의 [글맵시] 탭에서 내용을 변경한 다음 [설정]을 클릭합니다.

2 위와 동일한 방법으로 글맵시 글자를 수정합니다.

3 쿠폰의 글상자를 선택하고 각각 복사한 다음 원하는 글자색으로 변경합니다.

📁 **준비파일** 15-2 준비.hwp, 15-3 준비.hwp
📁 **완성파일** 15-2 완성.hwp, 15-3 완성.hwp

01 감사하는 분을 생각하며 감사장을 만들어 보세요.

수첩 만들기

● 준비파일 16-1 준비.hwp
● 완성파일 16-1 완성.hwp

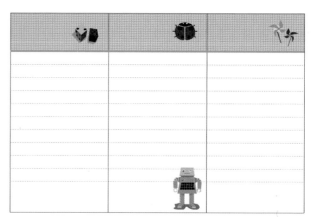

표 꾸미기

1 [파일]-[불러오기] 메뉴를 선택하여 '16-1 준비.hwp' 파일을 열기합니다.

2 표의 첫 번째 칸에 커서를 위치시키고 [표]-[셀 배경 색]에서 [다른 채우기]를 선택합니다.

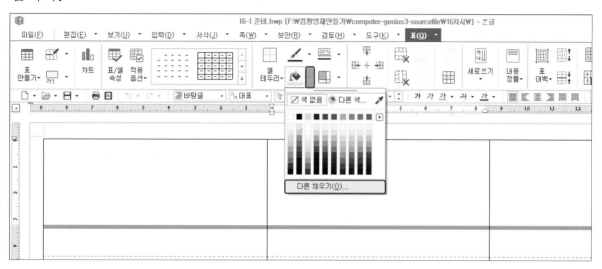

3 [셀 테두리/배경] 대화상자의 [배경] 탭에서 원하는 색으로 선택하여 '면 색'과 '무늬 색'을 지정합니다. 계속해서 '무늬 모양'도 지정한 다음 [설정]을 클릭합니다.

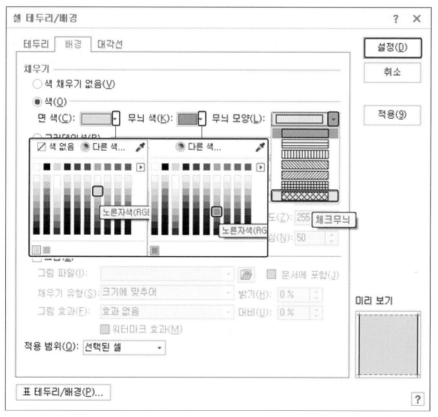

4 동일한 방법으로 첫째 줄에 면 색, 무늬 색, 무늬 모양을 설정합니다.

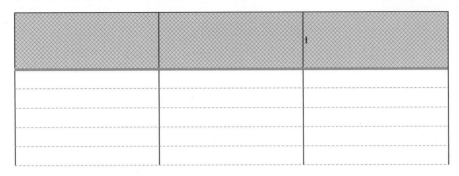

 같은 색으로 지정하려면 F5를 누른 다음 복사(Ctrl+C)하여 붙여넣기(Ctrl+V)를 해도 됩니다.

따라하기 02 캐릭터 삽입하기

1 [입력] 탭을 선택하고 [하위 메뉴]에서 [🦋그리기 마당]을 클릭합니다.

2 [그리기마당] 대화상자의 [그리기 조각] 탭에서 '아이콘(동물)'을 선택하고 원하는 동물을 넣기합니다.

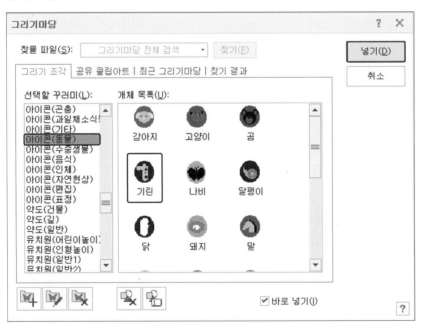

3 계속해서 동일한 방법으로 표의 하단에도 캐릭터를 삽입하여 표를 꾸밉니다.

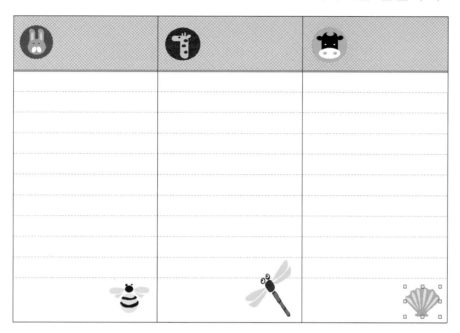

 인터넷에서 원하는 이미지를 찾은 다음 [캡처 도구]를 이용하여
원하는 그림을 복사하여 붙여넣기해도 됩니다.

4 2~4쪽의 표에도 위와 동일한 방법으로 꾸미고, 나만의 수첩을 완성합니다.

📁 준비파일　16-2 준비.hwp　📁 완성파일　16-2 완성.hwp

01 그림을 이용하여 수첩 표지를 만들어 보세요.

소미의 메모 수첩	소미의 메모 수첩	소미의 메모 수첩

힌트

▲ 무늬 지정　　　　　▲ 그라데이션 지정